AF440398

Oc
1299

DE LA SITUATION

DE LA

DETTE PUBLIQUE EN ESPAGNE

PAR M. CHARLES GIRAUD,

Membre de l'Institut de France.

PARIS.

CHEZ GUILLAUMIN ET Ce, LIBRAIRES-ÉDITEURS,

RUE RICHELIEU, 14.

1850

AVANT-PROPOS.

La liquidation et le règlement de la dette espagnole méritent d'attirer l'attention de tous les hommes qui s'occupent de finances. Indépendamment de l'intérêt matériel qui se rattache à cette question, il est curieux d'observer le progrès des idées économiques dans un pays où de si grandes ressources attendent une main puissante qui les mette en mouvement.

À la mort de Ferdinand VII, le total général des dettes de l'Espagne, de toute nature, reconnues ou no , liquidées ou non, active, intérieure et extérieure, différée et passive, se montait à l'énorme somme de près de 28 milliards de réaux (7 milliards de francs).

D'après le dernier état arrêté le 31 décembre 1849, et présenté par M. Bravo Murillo, ministre des finances, à la junte chargée de préparer la liquidation et le règlement de la dette publique de l'Espagne, elle ne se monte plus aujourd'hui, sauf quelques portions trop incertaines pour pouvoir être évaluées, même approximativement, qu'à un total de 15,513,088,871 réaux.

La différence entre ces deux chiffres provient des causes suivantes : les confiscations de 1823 ; le retour fait à l'État des créances possédées par les corporations religieuses ; les réductions du ministère Toréno en 1834, et enfin le retrait des titres de la dette fournis en payement des ventes de biens nationaux.

Sur ces 15 milliards et demi de réaux, le 3 pour 100 intérieur et extérieur se monte à 2,900,000,000 réaux, pour la portion émise jusques aujourd'hui, et à 84,000,000 de réaux pour le chiffre des intérêts de la dette active, qui ont droit à être capitalisés et convertis en la même valeur. Ensemble, 2,984 millions de réaux.

Voici l'origine de ce fonds, connu sous le nom de 3 pour 100 de 1841 ou de *nouveau* 3 pour 100 ; c'est, de la dette d'Espagne, la partie la plus essentielle à connaître en ce moment.

Un décret du régent du 21 janvier 1841 portait, art. 1er : « Les intérêts de la dette consolidée, intérieure et extérieure, échus pendant les semestres antérieurs au 1er janvier 1841, seront capitalisés, et les titres délivrés en retour jouiront, à partir dudit jour, de l'intérêt annuel de 3 pour 100, qui sera payé par semestre le 30 juin et le 31 décembre. »

Postérieurement, une loi du 14 février 1845 contenait les dispositions suivantes :

« Art. 1er. Sont approuvées les conversions, en titres de la dette consolidée du 3 pour 100, des crédits provenant des contrats d'avances de fonds, des billets du Trésor, des inscriptions de la dette flottante centralisée, et des traites fournies sur les caisses de la Havane, par suite de contrats de la même nature, etc.

« Art. 2. La conversion s'appliquera également aux crédits présentés avant ou après la publication de cette loi. Le terme fatal de quatre mois est fixé pour la présentation de ces crédits.

« Le gouvernement est autorisé à apporter, dans l'exécution de la présente loi, à sa teneur et à celle des décrets royaux mentionnés, toute modification qui serait commandée par une équité notoire. »

Ainsi qu'on peut le voir, la formation de ce 3 pour 100 est le résultat d'un règlement et d'une conversion. Les intérêts de ce fonds sont, du reste, depuis 1841, régulièrement payés aux échéances fixées.

C'est le 3 pour 100 de 1841 qui va servir de type et de point de départ à la reconstitution du crédit public de l'Espagne, et les mesures proposées en ce moment ont pour but de convertir et de ramener à ce type unique de 3 pour 100 la totalité des valeurs dont se compose la dette espagnole.

Nous aurions voulu donner quelques détails sur la nature et sur l'origine des valeurs dont se composent les dettes qu'on appelle intérieure et extérieure ; car on se rend généralement assez peu compte de l'exacte signification de ces désignations de dette active, différée, passive, valès ou *Bons*, etc., etc. ;— mais comme elles vont être refondues en une valeur unique, le nouveau 3 pour 100, cet intérêt est bien diminué.

M. Mon, à la fois financier habile et homme d'Etat éminemment conservateur, devenu ministre des finances vers la fin de 1844, comprit la nécessité d'une réforme financière, dans le but d'abord de simplifier l'impôt, de diminuer les frais de perception, et enfin d'accroître le produit net dans les caisses de l'Etat ; c'est à ce financier éminent et justement estimé que remonte la pensée d'une fusion et d'un règlement définitif de la dette.

Le budget réformé, présenté par lui le 28 décembre 1844, et sanctionné par les Cortès, pour l'année 1845, donnait comme résultat probable : dépenses, 1,205,522,680 r. v. ; recettes, 1,250,635,353 r. v. ; et dans son rapport aux Cortès du 21 janvier 1846, il constatait que la recette réalisée s'était élevée au-dessus de 1,200,000,000 r. v. — Sur ce total, dans les prévisions du budget, 99,115,629 r. v. seulement avaient été attribués à l'office d'amortissement.

C'était rester bien loin encore du chiffre nécessaire pour donner quelque satisfaction aux justes exigences des nombreux créanciers du Trésor espagnol, et il était urgent de rechercher les moyens de régulariser cette situation pour arriver à relever le crédit de l'Espagne.

La situation politique, devenant de jour en jour plus favorable, a permis de suivre de meilleurs errements financiers, et les hommes à qui était confié le soin de régir les destinées d'une nation, si grande par ses souvenirs, ont senti que le premier acte pour arriver à la reconstitution du crédit devait être de porter la lumière sur la situation du Trésor vis-à-vis de ses créanciers nationaux et étrangers.

Une liquidation générale de la dette a donc été ordonnée, afin que la position et les droits des créances de toute nature fussent établis et régularisés d'une façon définitive, et aussi pour que, en regard de cette situation éclairée et réglée, il fût possible d'examiner quelles propositions la situation financière de l'Espagne permettait de présenter.

Les décrets du 30 mars et du 19 avril 1850 sont le premier pas fait dans l'accomplissement de cette pensée. Les propositions actuelles du gouvernement doivent n'être considérées que comme une première ouverture. Elles seront examinées et discutées par les délégués des créanciers eux-mêmes, admis à présenter leurs observations à la Junte directrice ; et, après ces observations débattues avec soin, un projet définitif sera arrêté, et soumis ensuite aux délibérations des Cortès par le gouvernement de la reine.

DE LA SITUATION

DE LA

DETTE PUBLIQUE EN ESPAGNE.

La *Gazette de Madrid* du 19 avril a porté à la connaissance de l'Europe un document qui sera d'une grande importance dans l'histoire financière de l'Espagne, car il est un pas sérieux dans la carrière de la publicité, et dans la voie des saines pratiques du crédit public; je veux parler d'un exposé complet du passif et des ressources actives de l'Espagne, présenté par le ministère, en tête d'un projet de loi pour régler à l'avenir le service de la dette. Le crédit public est resté nul en Espagne par cette raison bien simple, que jusqu'à ce jour, et par l'effet irrésistible des malheurs du temps, la première condition du crédit semble y avoir été ignorée, c'est-à-dire la volonté effective de payer. Pour avoir du crédit, il faut payer et payer quand même : voilà tout le secret. Voilà comment il se fait que le crédit de l'Angleterre est si florissant, et que malgré les révolutions qui ont agité la France, la prospérité des finances de l'État a été si prompte à s'y relever; voilà comment il se fait aussi que le 5 pour 100 espagnol se cote à Londres de 16 à 17 pour 100 du capital, tandis que le 3 pour 100 se cote à plus du double. Le ministère espagnol a senti ce qu'un tel état de choses avait de ruineux pour la fortune de l'Etat et de désastreux pour l'avenir d'un si riche et si puissant royaume. Un décret royal du 30 mars dernier avait ordonné à la direction générale de la dette publique de préparer un projet pour fixer la situation de la dette. Postérieurement et le 19 avril, le gouvernement espagnol a communiqué à la direction générale un projet que lui-même s'était proposé de soumettre aux Cortès, et ce projet, précédé d'un ample exposé de motifs, a été publié dans la gazette officielle pour que l'opinion pût l'apprécier et en faciliter l'examen approfondi, ce qui était l'unique but du gouvernement, dans cette communication.

Il était très-difficile de s'arrêter à une règle parfaitement équitable et mesurée, en présence des intérêts divers compromis dans la question. En effet, en principe de droit rigoureux, le doute ne pouvait être permis; l'Etat devait payer toutes ses dettes. Mais si des hauteurs du principe d'équité ou du principe économique on descendait aux réalités du possible, on rencontrait des obstacles de tout genre. En éloignant l'époque de la solution, ces difficultés ne faisaient qu'augmenter et s'accroître, et tout le monde s'accordait à reconnaître qu'un règlement définitif était devenu absolument nécessaire. Le payement des intérêts d'une grande partie de la dette était suspendu, depuis que des événements que tout le monde connaît avaient obligé le gouvernement espagnol à cette triste extrémité. Le sort définitif d'une autre portion de la dette était encore à fixer depuis bien des années; les catégories nombreuses et compliquées de cette dette avaient établi des inégalités et des anomalies entre les différents effets publics émis par l'Etat, inégalités qui gênaient singulièrement leur circulation, et s'opposaient au développement du crédit. Toutes ces circonstances exigeaient donc impérieusement qu'il fût pris des mesures pour satisfaire aux réclamations des créanciers de l'Etat, et pour mettre un terme à leurs plaintes légitimes. Les calamités qui pèsent sur la Péninsule, depuis bientôt un demi-siècle, ont exercé une funeste influence sur la situation du Trésor espagnol et ont été jusqu'à présent un obstacle insurmontable à la prospérité financière de ce pays. Mais si cette situation politique a pu justifier le gouvernement de son inaction, en présence d'un si déplorable état des finances, cette situation s'étant améliorée, l'espérance étant acquise qu'elle s'améliorera chaque jour davantage, il était impossible de rester dans le *statu quo*, et le gouvernement espagnol agit avec intelligence et avec noblesse, en protestant, à la face de l'Europe, qu'il se fait un devoir d'employer tous ses efforts pour sortir d'une si mauvaise position. Une telle manifestation de volonté est déjà un progrès et un grand événement.

De nombreuses et très-graves questions se sont présentées, dit le ministre espagnol, avant de pouvoir fixer la base du projet de loi; il a fallu établir les principes sur lesquels on s'appuierait, calculer les ressources de l'Etat, méditer sur les règles qui seraient adoptées pour faire une juste répartition entre les différentes classes de créances; enfin préparer et faire connaître les moyens qu'on a de remplir exactement et religieusement les obligations qui seraient contractées.

Quant aux principes qui ont servi de guide au gouvernement pour établir les bases du règlement projeté, ils sont ceux d'un tempérament d'équité, pour l'Etat, autant que pour les créanciers. On a cru devoir mettre de côté les théories absolues qui pourraient être invoquées et soutenues en sens opposé, considérant comme stérile toute discussion, tout examen qui ne pourrait conduire immédiatement à un résultat pratique et effectif.

Les uns, en effet, considérant, par-dessus tout, les droits des créanciers de l'Etat, soutenaient la doctrine fondamentale que tout pays doit payer intégralement ses dettes, en s'imposant, pour atteindre ce but, les sacrifices nécessaires ; il n'y avait pas, selon eux, d'autre moyen honorable d'effectuer le règlement projeté, que de payer, de retirer les effets mis en circulation, et d'indemniser les porteurs, en accomplissant exactement les engagements qui avaient été pris à leur égard au moment de l'émission, le tout au moyen du solde intégral des intérêts stipulés, et d'une réparation proportionnelle au dommage causé.

D'autres, continue le ministre espagnol, se préoccupant exclusivement de l'état actuel et matériel des choses, et considérant l'impossibilité absolue de réparer le préjudice encouru par les premiers créanciers, à cause des variations du cours et de l'instabilité du crédit, pensant enfin que la reconnaissance complète des titres de la dette, et l'assurance du payement exact des intérêts à l'avenir, favoriseraient principalement les détenteurs qui ont acheté dans un moment de dépréciation plus ou moins considérable, et cela, au grand dommage de l'Etat, veulent que la loi se borne à tenir compte de la valeur actuelle des fonds publics, et ne donne aux détenteurs ni plus ni moins que ce qu'ils pourraient espérer d'après le cours du moment, sauf les bénéfices éventuels résultant pour eux de la hausse que produiraient des mesures propres à rétablir désormais le crédit.

Entre deux opinions si opposées, susceptibles l'une et l'autre d'être défendues par des raisons plus ou moins plausibles de justice et de convenance, le gouvernement espagnol ne s'est décidé pour l'adoption exclusive d'aucune d'elles. Après avoir mûrement réfléchi à cette grave affaire, après avoir consulté tout ce qui a été fait antérieurement, en pareille occurrence, après avoir pris en considération la pénurie du Trésor, et l'impérieuse nécessité de satisfaire d'abord aux obligations desquelles dépend essentiellement l'existence politique de l'Etat, le gouvernement espagnol a pensé que toutes les raisons qu'on pourrait faire valoir en faveur de tel ou tel système devaient céder devant une raison de décider supérieure à toute autre, et qui les domine toutes, celle de la bonne foi publique combinée avec la réalité des ressources qui peuvent être consacrées à l'extinction ou au payement de la dette nationale.

Ainsi donc, la quotité disponible des ressources du Trésor, après avoir satisfait aux besoins indispensables, a paru être la limite que la nécessité imposait à la justice et à tout règlement de la dette ; car, à quoi servirait que le gouvernement, cédant au désir d'accorder une réparation complète aux créanciers de l'Etat, considérant comme égaux les droits des créanciers actuels et ceux des créanciers primitifs, adoptât une mesure générale, sans tenir compte de la situation financière de l'Espagne, ni des moyens qu'elle aurait de remplir ses engagements? Le résultat serait un règlement fatal et illusoire, dont les conséquences seraient désastreuses pour les créanciers eux-mêmes, à l'égard desquels on retomberait bientôt dans l'impossibilité de payer. C'est cet écueil que le gouvernement espagnol annonce vouloir éviter. A nos yeux, le gouvernement espagnol a raison d'agir ainsi, et on lui saura gré de ne pas avoir promis davantage, si dorénavant son système invariable, sa règle fixe de conduite et son intention constante sont que tout ce qu'il a promis soit religieusement exécuté, que ses engagements nouveaux ne soient plus de vaines paroles, des espérances stériles, comme celles qui, malheureusement, et par l'effet inévitable des circonstances, ont trompé les esprits jusqu'à ce jour.

Le gouvernement est parti de ces principes dont, dit-il, il n'a pas cru pouvoir s'écarter, ce qu'il tenterait d'ailleurs en vain de faire, car il serait inévitablement et bientôt ramené vers la plus triste des réalités. Le gouvernement a calculé ensuite les ressources qu'il peut destiner à l'acquittement des charges que lui imposera le règlement de la dette. Il affirme avoir médité mûrement sur cette affaire, et, dans la supposition que les créanciers pourraient entrer immédiatement en jouissance des intérêts qui leur seraient assignés, il a cherché quel serait le moyen le plus propre pour fixer tout de suite le sort de la dette et rasseoir le crédit ; dans ce but, et voulant offrir aux créanciers de l'Etat tout ce qui peut être raisonnablement considéré comme possible, comptant sur l'accroissement à venir des revenus publics, sur les économies réalisables dans les budgets futurs, enfin sur toutes les ressources et même sur toutes les espérances, le ministère propose de prélever sur les sommes actuellement destinées au payement des charges publiques, d'après les engagements contractés, la somme de 80 millions de réaux qui seraient appliqués à ce règlement.

Au point de vue de l'intérêt immédiat et matériel des porteurs de titres espagnols, il est évident que cette allocation est insuffisante pour améliorer notablement leur condition. Aussi le cours des effets espagnols n'a pas été relevé, par cette annonce, sur les principaux marchés de l'Europe. Mais ce n'est point sous cet aspect qu'il faut envisager la question, pour être complétement juste ; c'est au point de vue espagnol qu'il faut se placer. Cette somme pourra paraître excessive aux uns, insuffisante et mesquine aux autres, dit l'exposé des motifs ; l'allocation sera critiquée par les uns et par les autres ; elle sera regardée comme insuffisante, si on la compare à la somme énorme à laquelle s'élève la dette à l'extinction de laquelle on la destine ; mais elle sera exorbitante, eu égard aux ressources positives de l'Espagne, à ses obligations existantes et à la pénurie du Trésor. «Le gouvernement, dit le ministre, répondra aux premiers « que la considération de l'importance de la dette, des convenances « et de la justice que peuvent invoquer nos créanciers, est natu- « rellement et forcément subordonnée à la condition de possibilité, « et en leur démontrant qu'on offre tout ce qui est possible, ils « reconnaîtront que l'on fait tout ce qu'il est permis de faire en « agissant loyalement et de bonne foi. Le gouvernement répondra

« aux autres qu'il reconnaît combien il faut d'efforts et de réso-
« lution pour imposer à l'Etat, à compter de l'année prochaine,
« et pour lui fournir les moyens d'acquitter une nouvelle obli-
« gation de 80 millions sur la somme de près de 97 millions
« qui figure dans les éventualités actuelles pour le payement de
« l'intérêt d'une partie de la dette, et sur l'accroissement que cette
« partie peut éprouver par suite de la conversion des ayants part laï-
« ques en dîmes, en vertu de la loi du 20 mars 1846 ; d'un autre
« côté, pour que l'éventualité de l'année courante se couvre par elle-
« même et que les dépenses ne dépassent pas les recettes, il a fallu
« faire une diminution sur les employés et surcharger, par anticipa-
« tion, l'exercice de l'année prochaine d'un crédit de 60 millions ;
« mais le gouvernement a cette résolution et ce désir, et il espère
« trouver les mêmes sentiments dans les Cortès, bien persuadé qu'au
« milieu de tous les embarras des finances espagnoles, la somme de-
« mandée pour le règlement de la dette atteint les limites du possi-
« ble, mais ne les dépasse pas. Il est aussi intimement convaincu que
« si l'on ne peut exiger de lui plus qu'il ne peut, son honneur et son
« devoir veulent qu'il fasse tout ce qu'il peut faire. » Nous le répé-
tons, quelque faible que paraisse l'affectation projetée, elle suffit pour
marquer une ère nouvelle dans le crédit espagnol, si le gouvernement obtient la confiance qu'il demande et la solution qu'il propose.

Après avoir fixé la somme annuelle qui serait appliquée au règlement de la dette, le ministère s'est occupé de classer les créances
qui devront y être soumises et qui pourront jouir des avantages
promis ; et voici comment il a fixé le mode qui lui a semblé le plus
équitable pour la répartition de cette somme annuelle.

La dette publique espagnole, d'après un état dressé et remis au
gouvernement par l'administration des finances, s'élevait, au 31 décembre 1849, à la somme de 12 milliards 531 millions 67 mille 461
réaux, sans compter la dette provenant de différents traités conclus
avec les puissances étrangères, ni l'augmentation que doit produire la
conversion des crédits des ayants part laïques, ni la dette d'Amérique,
non encore reconnue, ni quelques autres charges dont le gouvernement croit devoir faire l'objet de lois particulières.

Il est évident qu'une masse aussi considérable de dettes, dans laquelle figure en première ligne celle du 3 pour 100, intérieure et
extérieure, montant à 2 milliards 982 millions 20,410 réaux, et
dans laquelle entre en grande partie la dette consolidée du 5 et du
4 pour 100, s'élevant à 4 milliards 313 millions 325,080 réaux, ne
peut être l'objet d'une transaction amiable sans subir une réduction,
soit dans le capital, soit dans les intérêts, soit dans l'un et l'autre à la
fois, proportionnellement à la somme qui sera affectée au règlement
annuel.

La dette du 3 pour 100, la seule dont les intérêts ont toujours été payés, jusqu'à ce moment, devra-t-elle être soumise à la réduction dont il s'agit? Telle est la première question qui se présente et qu'il faut résoudre. Le gouvernement a pensé que la dette du 3 pour 100 devait être respectée et qu'elle ne devait subir aucune réduction, et cela pour des motifs puissants. Nul doute que le 3 pour 100 ne constitue aujourd'hui une dette privilégiée, et qu'une réduction sur son capital ne permît de faire aux autres créanciers de l'Etat de plus grands avantages; mais au-dessus de ces considérations, il en est de plus fortes, de plus décisives, aux yeux du gouvernement, et ces raisons l'ont décidé à proposer qu'il ne serait porté aucune atteinte au 3 pour 100. Dans toutes les réformes de ce genre, on doit respecter la possession et les droits acquis; attaquer la situation actuelle des détenteurs de cette rente, ce serait porter la perturbation dans les fortunes; le gouvernement a cru qu'il était de son devoir de l'éviter.

D'ailleurs, ce serait un mauvais moyen d'inaugurer le règlement et d'inspirer la confiance, que de commencer par tromper une attente légitime, et par méconnaître des engagements qui vont échoir, et qui ont été exécutés jusqu'à ce moment.

Excepté le 3 pour 100, le gouvernement est d'avis que l'on soumette à une réduction toutes les autres portions de la dette publique, et il regarde comme une condition essentielle de la réalisation du règlement, que les différentes catégories de créances établies jusqu'à ce jour soient toutes fondues et converties en une seule et unique dette, portant intérêt à 3 pour 100.

La réduction, comme il a été dit, peut porter sur le capital, ou sur les intérêts, ou, même, sur l'un et sur l'autre à la fois; c'est pour ces deux moyens combinés que le gouvernement s'est décidé, attendu que, dans le premier cas, le capital serait trop réduit par rapport à l'intérêt, tandis que, dans le second, ce serait l'intérêt qui serait trop faible relativement au capital. A ce motif se joint la résolution qu'a prise le gouvernement de proposer que la nouvelle rente soit fixée à 3 pour 100, afin de réduire à l'unité de forme toutes les parties de la dette publique, ce qui offre un incontestable avantage.

Si l'on convertit en dette à 3 pour 100 toute la dette existante, après avoir fixé la somme applicable au payement des intérêts et à l'amortissement, après avoir établi le chiffre auquel s'élève toute la dette à convertir, après avoir revu tous les calculs et vérifié tous les faits, on demeurera convaincu que sur la dette à 5 pour 100, tant intérieure qu'extérieure, abstraction faite des intérêts échus, pour ne s'occuper que du capital seulement, il est inévitable de faire subir une réduction de 66 et 2/3 pour 100, c'est-à-dire des 2/3. Le 5 pour 100 étant réduit en 3 pour 100, à ce taux, le 4 pour 100 se réduira dans la même proportion, en considérant son capital à raison de 80 pour 100, d'après la différence qu'il y a entre les intérêts à 5

et l'intérêt à 4 ; il en sera de même des autres titres, prenant toujours pour base de la réduction le taux admis pour le 5 pour 100, qui
est le plus propre à servir de régulateur, le capital de chaque dette
devant toujours être réduit des deux tiers sur leur cours moyen, relativement au cours du 5 pour 100. La justice le veut ainsi, à cause de
la différence que met le cours entre ces diverses valeurs. Ce moyen a
semblé le plus équitable au gouvernement espagnol ; il est le plus
exempt d'inconvénients. Tout autre mode que l'on tenterait d'établir
pour la réduction, se fondant, soit sur l'origine de la dette, soit sur
sa nature, soit sur toute autre circonstance, offrirait de sérieuses difficultés d'application. On lui reprocherait d'injustes préférences qui por-
teraient le trouble dans les fortunes, et donneraient prise à l'agiotage.

Quant à l'époque qu'il convient de fixer pour le cours qui devra
servir de base à la réduction, de graves raisons ont paru devoir faire
choisir le cours moyen de l'année 1849 ; espace de temps qui, étant
déjà écoulé, ne donne pas ouverture à l'agiotage, et cependant est encore assez près de nous pour représenter l'époque actuelle, et par
conséquent les proportions dans lesquelles le 5 pour 100 a été avec
les autres valeurs, depuis 1831 jusqu'à ce jour.

Le gouvernement a dû se fixer sur le taux qu'il a indiqué, pour la
conversion en 3 pour 100 de toutes les valeurs de la dette existante,
avec d'autant plus de confiance et d'autant moins de scrupule, que la
valeur réelle de ces effets aujourd'hui, si elle ne représente pas les
sommes versées par les premiers créanciers, représente assurément les
sommes versées par les détenteurs actuels. On doit croire que le nombre des premiers créanciers, car il en existe encore, est fort réduit à ce
moment, et il est incontestable que, même en faisant appel aux principes de la plus rigoureuse équité, il faudrait toujours prendre pour base
la somme moyenne du déboursé des derniers détenteurs, en leur créant
une nouvelle position. Il est évident qu'en donnant aux détenteurs du
5 pour 100 un intérêt de 3 pour 100 sur le tiers de leur capital, on
leur donne un titre qui, après la conversion de toutes les dettes en une
seule, aura une valeur plus assurée que celle qu'a eue la rente espagnole de 1831 à 1849, surtout quand l'exactitude dans les payements
aura complétement rétabli le crédit. Le projet ministériel consacre
donc, ou à peu près, le fait acquis de la dépréciation des titres espagnols, et à ce point de vue c'est un malheur ; mais, à ne considérer
que la réalité des choses, il ne porte préjudice qu'à la spéculation, et
il ne ruine aucune espérance sérieuse. Son point de départ est le fait
accompli, mais il garantit l'avenir, et par là il atténue les conséquences
du passé. La *Gazette* du 2 mai, qui nous apporte un nouveau projet
d'organisation de la dette, rédigé par la Commission nommée dans les
Cortès, adopte les mêmes bases d'opération à cet égard. Quant au parti
de l'opposition, il se montre moins généreux que le gouvernement. Il pense qu'on donne encore trop aux créanciers de l'État, et

ses principaux organes présentent un contre-projet, d'après lequel la dette du 3 pour 100 est réduite des deux tiers ; celle du 5 pour 100 extérieur et intérieur, et celle du 4 pour 100, ainsi que les valeurs consolidées, sont réduites des trois cinquièmes. Ce contre-projet réduit même des deux tiers la dette de 5 pour 100 *à papier*, et la dette provisoire, ainsi que celle des rentes viagères, catégories qui sont mieux traitées et plus équitablement, selon nous, par le projet du 19 avril.

En effet, quelque juste qu'il fût d'adopter, comme base de conversion des différentes dettes, le taux du 5 pour 100, les rentes viagères étant spéciales, doivent être soumises à des règles spéciales. Il est encore d'autres dettes pour lesquelles il ne serait pas juste d'adopter la base du 5 pour 100, et d'autres enfin auxquelles elle serait inapplicable ; la dette provisoire est dans ce cas. La division de cette dette, suivant son origine et sa nature, en celle qui vient de capitaux avec intérêts et en celle pour laquelle il n'avait pas été stipulé d'intérêts, assimilant la première à la dette courante, et la seconde à la dette sans intérêts, permet d'opérer sa conversion sans avoir recours au taux du cours, taux d'autant plus incertain, relativement aux dettes de cette espèce, qu'elles sont d'origines différentes et accompagnées de circonstances diverses. Telles sont les parties de la dette qui consistent en capitaux dont le gouvernement s'est vu forcé de s'emparer par l'effet des circonstances désastreuses où il se trouvait, capitaux provenant de fonds venus de l'Amérique, de cautionnements, de dépôts, des sels, des tabacs, etc. Ces divers titres doivent au moins être rangés dans la catégorie des bons non consolidés, et ils peuvent être convertis au même taux ; ils ont plus de droit à la faveur, et ils se produisent comme une représentation de la propriété confisquée.

Il faut mettre dans une seconde classe à part, également insusceptible d'appréciation rigoureuse et actuelle, faute de cours connu, la dette émise à Paris en 1831, sous le titre de *ancienne différée*, convertissable en rente à 3 pour 100 par quarantième, dans l'espace de quarante ans, et qui n'a pas été comprise dans la loi de conversion de 1834. Les conditions et la catégorie de cette dette, qui devait être convertie en rente consolidée à 3 pour 100 dans cette longue période, l'assimilent à la dette passive qui, d'après la loi de 1834, devait passer à la classe active à mesure que celle-ci s'amortirait, et la rangent dans la même classe ; on la comprendra donc, pour la conversion à laquelle elle a droit, dans la dette passive.

Comme il s'agissait de faire un règlement général de la dette, le gouvernement a cru qu'il était de son devoir de proposer, outre la reconnaissance de la *dette différée* dont il vient d'être parlé, l'admission, dans la nouvelle conversion, des certificats, des coupons et des bons de prime des anciens emprunts qui, appelés par la loi de 1834, n'ont pas été présentés dans les délais fixés par cette loi, de même que les arrêtés de compte des anciens emprunts. En ce point, le gouvernement espagnol fait preuve d'une bonne foi à laquelle tout le monde doit rendre hommage.

Beaucoup d'autres questions secondaires se lient au règlement dont il s'agit, telles que la concession de nouveaux délais pour la liquidation de la dette intérieure, la reconnaissance de celle d'outre-mer, la question de savoir s'il convient de mettre à la charge de l'Etat l'indemnité des titulaires des offices aliénés de la couronne, reconnus créanciers de l'Etat par un décret des Cortès. Il y a divers autres points analogues à décider ; mais le gouvernement a pensé que, toutes ces questions exigeant une étude spéciale, il fallait les réserver pour un projet de loi ultérieur.

Afin de justifier l'exactitude de ses prévisions et de montrer les chances de succès qu'offre le règlement qu'il propose, le gouvernement espagnol soumet à l'examen des Cortès l'état approximatif de la dette existante, prenant le montant du 5 pour 100 au pair, celui du 4 pour 100 pour les quatre cinquièmes, et réduisant celui des autres classes d'après les bases déjà indiquées, toujours relativement au taux du 5 pour 100, cours moyen de 1849. Nous regrettons de ne pouvoir reproduire ici le tableau curieux qui contient le cours moyen des différentes valeurs espagnoles pendant la période de 1831 à 1849, et le détail des cours spéciaux, de 1840 à 1849.

Le capital de toute la dette *convertissable*, après avoir fait les réductions proposées, mais sans y comprendre les intérêts du 5 et du 4 pour 100 pour l'an 1850, intérêts que l'on considère comme compensés par l'amortissement qui aura lieu jusqu'à la fin de l'année ; le capital de toute la dette s'élève à la somme de 7 milliards, 876 millions, 154 mille, 211 réaux. Cette somme, réduite à 33 un tiers pour 100, ou, ce qui revient au même, réduite des deux tiers, ne s'élèvera plus qu'à 2 milliards, 625 millions, 384 mille, 737 réaux, dont les intérêts annuels à 3 pour 100 monteront à 78 millions, 761 mille, 542 réaux. En affectant, pour faire face aux obligations imposées par le nouveau règlement, la somme de 80 millions, il restera donc quelques fonds disponibles.

Cet excédant, peu important d'abord si toute la dette appelée à la conversion s'y présente, plus considérable dès le principe si toute la dette ne se présente pas immédiatement, mais qui, dans tous les cas, s'accroîtra progressivement, aura, suivant le gouvernement espagnol, un emploi tout naturel, et très-avantageux pour les créanciers ; c'est l'amortissement sur lequel le gouvernement compte pour affermir le crédit, et pour améliorer la condition respective des créanciers et de l'Etat. Nous applaudissons à cette pensée, qui nous paraît excellente, mais nous regrettons qu'une meilleure part ne puisse être donnée, dans le projet de loi, à cet élément essentiel, quoi qu'on en dise, de toute dette publique bien constituée.

Le gouvernement espagnol croit que le règlement, tel qu'il le conçoit, doit renfermer deux autres clauses qu'il regarde comme tout aussi essentielles ; la première est l'élection de domicile à Madrid, pour le payement des intérêts du nouveau 3 pour 100, qui, par cette mesure, acquerra le caractère exclusif de dette *intérieure*. Presque tous les États souverains attachent de l'importance à ce que leur dette soit purement nationale, et ils n'en reconnaissent pas d'autres. De puissantes raisons de convenance publique l'exigent. De ce que la dette est *intérieure*, il résulte de grandes économies pour le Trésor, telles que celle du change, de la commission, et de tous les autres frais qu'entraîne l'envoi de fonds à l'étranger, pour le payement des semestres ; cette mesure attire d'ailleurs les capitaux dans le pays, et leur placement dans les fonds publics apporte des richesses qui seraient stériles pour la nation si elles étaient portées à l'étranger. Telles sont les raisons exposées par le ministre ; nous devons reconnaître que le ministre est dans le vrai. Il se place dans le droit commun du crédit public, qui veut que les payements se fassent au chef-lieu de l'état débiteur ; on n'a pu déroger à cette règle générale sans de grands inconvénients, et il importe de s'y renfermer aujourd'hui.

Une seconde clause indiquée, c'est que la conversion sera volontaire de la part des créanciers. Quelque convaincu que soit le gouvernement des avantages positifs qu'offre le règlement qu'il propose ; quelque arrêtée que soit son opinion, que tout autre règlement serait impossible si on voulait loyalement l'exécuter ; cependant, comme il s'agit de réduire dans une forte proportion les capitaux et les intérêts de la dette, il ne serait pas juste, à son avis, d'imposer violemment aux créanciers une situation que, dans leur intérêt, ils croiraient devoir refuser. La conversion, si elle était forcée, serait une mesure déplorable ; tandis que, si elle est volontaire de la part des créanciers, elle a le caractère d'une véritable transaction entre eux et l'Etat, fondée sur l'absolue impossibilité de faire autrement droit à leurs titres et à leurs réclamations. Cette réserve de liberté donne au projet espagnol un caractère qui lui est propre et qui maintient pour lui l'honneur de la position, mais il est bien évident qu'aucun créancier n'hésitera à souscrire aux conditions qui lui sont offertes.

Après avoir ainsi posé les bases du règlement et fait connaître les résultats qu'on peut en attendre, il restait à soumettre aux Cortès les moyens sur lesquels le gouvernement compte pour satisfaire religieusement aux nouvelles obligations que le projet imposerait à la nation espagnole et pour donner aux créanciers l'assurance de l'exactitude avec laquelle seront exécutés les engagements pris envers eux, résultat qu'il sera facile d'atteindre, si l'on applique scrupuleusement et toujours les 80 millions annuels, d'abord au payement des intérêts du 3 pour 100, et l'excédant à l'amortissement.

Le gouvernement propose d'appliquer à cette destination : 1° le montant des rescriptions métalliques consenties par les acquéreurs des biens du clergé séculier, dont on n'aurait pas disposé jusqu'à ce jour, libérées qu'elles soient des obligations dont elles pourraient être grevées. Elles s'élèvent à la somme de 14 millions par an jusqu'à 1861, à la somme de 13 millions pour 1862 et de 7 millions pour 1863, et à une somme moindre jusqu'à 1868. Or, après avoir donné en payement à la banque espagnole de *San Fernando* les rescriptions à échoir jusqu'à la fin de l'année courante, et en garantie, à la caisse des émissions de cette même banque, les deux tiers de celles qui devront échoir en 1851, il reste un tiers de celles à échoir en 1851 et toutes celles à échoir pour les années subséquentes, que l'on pourra appliquer à la destination dont il s'agit.

2° Le produit des ventes successives des biens nationaux de toute espèce , y compris les sommes à recevoir provenant des ventes déjà faites. Les prix de ventes qui sont en ce moment payables en papier seront désormais payables en numéraire, et en vingt annuités , si le projet que présente le gouvernement est adopté. Le ministre porte à 260 millions de réaux la valeur capitalisée des biens provenant des communautés d'hommes, des communes, des corporations, de l'inquisition , des expropriations forcées , biens dont la vente est ordonnée et s'effectue conformément aux lois en vigueur. En les rendant payables en numéraire, et en vingt annuités, les dix premières à raison de 6 pour 100 de la valeur, pour activer les rentrées, et les dix dernières à raison de 4 pour 100 , on ne croit pas trop se flatter, en espérant de tripler et même de quadrupler la valeur qu'on en pourra tirer, et l'on se promet, par ce moyen, une ressource annuelle de 30 à 40 millions, pendant un bon nombre d'années. Si l'Espagne demeure paisible, et si son administration continue à être éclairée, cette espérance est bien calculée; sinon, elle peut tourner en illusion.

3° Les fonds provenant du payement du prix des immeubles nationaux de menue valeur, qui s'effectue maintenant en argent, au taux du papier, et qui pourraient s'accroître en raison des avantages que produirait la faculté que l'on donnerait aux acquéreurs des immeubles d'une plus grande valeur de se libérer aussi en argent. Ces deux moyens n'en font qu'un. Si l'on accorde aux acheteurs la faculté de payer en argent ce qu'ils payent aujourd'hui en papier; si l'on fixe, pour la réduction du papier en numéraire, un taux qui , sans être onéreux à l'État, leur offre quelques bénéfices , en leur assurant l'éventualité d'une hausse dans le prix des effets qu'ils souscriront, il est probable que la plus grande partie, si ce n'est la totalité des payements qui se feront dans la suite, s'effectueront en argent.

D'après l'état fourni à l'appui du projet, la somme due en papier, à 5 et 4 pour 100, dépasse 700 millions; celle qui est due sans intérêts approche de 500 millions, et l'on peut calculer, approximativement, qu'elle excédera d'une égale somme le papier de la première classe, et de 300 millions celui de la seconde, dont la remise doit se faire de 1851 à 1858. Il est bon d'observer que les plus fortes échéances sont de 1851 à 1854. D'après ces données, on peut croire, sans crainte de se tromper, que la mesure dont il s'agit produira, dans les quatre premières années, une somme qui ne sera pas au-dessous de 20 millions par an, les rentrées des années suivantes étant de peu d'importance.

Des trois moyens indiqués ci-dessus, qui produiront annuellement et pendant quelques années une somme que, sans crainte de commettre de graves erreurs, l'on croit pouvoir porter approximativement à 60 millions, le premier ne causera aucune diminution dans les rentrées naturelles du Trésor, si ce n'est en ce qui est relatif à 1851 ; le second pourra causer une diminution, mais elle ne dépassera guère 4 millions ; et le troisième n'en produira aucune, puisqu'il n'est pas porté actuellement au budget des recettes, ni comme argent, ni comme papier reçu en payement des biens nationaux, parce que ces sommes sont spécialement destinées à l'amortissement.

Mais les moyens que nous venons d'indiquer ne pourront probablement pas être mis en pratique dans leur totalité pendant la première année ; aussi faudra-t-il, pendant cette première année, et peut-être pendant une partie de la suivante, obtenir une autre ressource au prix de quelque sacrifice passager. Cette éventualité est prévue, c'est au gouvernement et aux Cortès à y parer, car il est bien important que le moment initial de l'exécution ne soit pas le moment d'une déception. Nul doute qu'il ne soit facile de s'assurer une somme de 60 millions, plutôt plus que moins, applicable au payement des intérêts et à l'amortissement de la nouvelle dette. De la fidélité d'exécution de ce premier engagement peut dépendre l'avenir du crédit espagnol. Quant au solde de la somme totale, on ne saurait taxer de chimère l'assurance que le gouvernement manifeste de trouver, à l'aide d'économies possibles et de l'augmentation naturelle des rentes, les 20 millions nécessaires pour parfaire les 80 millions dont on aura besoin pour faire honneur aux obligations de l'Etat, tant dans cette année que dans les suivantes.

Dans tous les cas, le gouvernement désirant marcher d'un pas ferme et résolu dans la voie actuellement ouverte, et donner ainsi la plus complète sécurité aux créanciers, se réserve de proposer, en temps opportun, d'autres mesures efficaces qui procureront, s'il en est besoin, de nouvelles recettes, lesquelles, sans diminuer les ressources ordinaires du budget, fourniront à elles seules les moyens de satisfaire à toutes les exigences éventuelles de la situation.

Telle est la pensée du gouvernement, tel est le plan qu'il se proposait de soumettre à la représentation nationale, relativement à l'importante affaire du règlement de la dette publique. Favorablement accueilli par la majorité des Cortès, ce plan a toute chance de succès.

Maintenant, les créanciers trouveront-ils ce règlement aussi avantageux que le gouvernement ? leur paraîtra-t-il aussi favorable qu'il pouvait l'être à leurs intérêts, dans les circonstances où se trouve le pays d'Espagne? Penseront-ils qu'on a fait tout ce qu'il était possible de faire pour eux ? Si le projet produisait sur leur esprit une autre impression que la nôtre, il faudrait leur dire qu'ils nourrissent une bien triste illusion. Tout autre règlement, dans lequel on leur promettrait plus qu'on ne leur promet dans celui-ci, ne leur donnerait que des espérances trompeuses, et l'expérience ne tarderait pas à le prouver. Le règlement, d'ailleurs, est en rapport avec l'état de dépréciation dans lequel se trouvent aujourd'hui les fonds espagnols dans le commerce. Il est certain que si la situation des choses était autre, si le gouvernement était en mesure de faire un appel facile au crédit, il pourrait offrir des conditions meilleures aux créanciers; mais si l'avilissement du cours des effets espagnols nuit aux créanciers, il nuit tout autant et même plus à la nation, qui se voit condamnée à faire au crédit de grands sacrifices sans en tirer aucun bénéfice, au moins dans le moment. Il est vrai que l'intérêt de l'avenir est immense, mais il faudra une longue exactitude dans le service de la rente, pour faire oublier les malheurs des années écoulées. D'ailleurs, l'Espagne n'est pas la seule nation qui, quand il s'est agi de régler sa dette, ait suivi le système que propose le gouvernement. D'autres nations de l'Europe, placées dans des circonstances semblables, ont donné un exemple semblable, ne balançant pas à diminuer la masse du passif, soit en réduisant le capital, soit en diminuant le taux de l'intérêt. L'Angleterre elle-même a eu plus d'une fois recours à ce moyen extrême.

Quelque respect qu'on professe pour les droits des créanciers de la dette publique, il a fallu, dans tous les temps, tenir compte de la situation financière des Etats, et de la nécessité de mettre en rapport les charges dont on grevait le Trésor avec les ressources dont il pouvait disposer. Le ministère espère que la nation espagnole, agitée par tant de révolutions, déchirée par une guerre civile aussi longue que ruineuse, ne sera pas blâmée pour avoir fait ce que tant d'autres ont fait, dans une position peut-être moins défavorable que la sienne. Ces nations, dit l'exposé des motifs, ont, dans leur temps, comme l'Espagne aujourd'hui, reconnu qu'il est, en cette matière, un principe imprescriptible dont on ne peut s'écarter, et devant lequel toutes les autres considérations disparaissent; c'est qu'on ne peut pas exiger plus, qu'on ne doit pas faire mieux que ce qui est possible.

Voilà les vues et les raisons qui ont guidé le gouvernement dans la conception du projet. Déjà les journaux nous ont annoncé qu'une Commission, choisie par la junte ou direction de la dette, a préparé un rapport favorable et proposé des amendements qui s'écartent peu de la pensée du gouvernement; mais, comme nous l'avons énoncé, des membres influents de l'opposition, dans les Cortès, ont rédigé un contre-projet, dans lequel certains créanciers de l'Etat sont beaucoup plus maltraités, et dont nous avons déjà dit quelques mots. Ce contre-projet réduit le 3 pour 100, qui est respecté par le projet du gouvernement ; il atteint aussi une catégorie de créanciers qui a droit à la faveur publique. La probité espagnole ne l'adoptera point. Le projet du gouvernement s'arrête à la limite de la nécessité ; il est bien plus conforme aux intérêts bien entendus de l'Espagne, quoiqu'il impose au pays de plus grands sacrifices.

Voici le texte du projet de loi du gouvernement :

PROJET DE LOI.

ART. 1ᵉʳ. Toutes les créances contre l'Etat, quelles que soient leur catégorie actuelle et la dette publique à laquelle elles appartiennent, seront converties en rentes à 3 pour 100, en échange de leurs anciens titres. Les créanciers recevront des titres au porteur ou des inscriptions transmissibles à leur volonté.

Sont exceptées les dettes provenant de traités avec les puissances étrangères, lesquelles ne sont pas l'objet des dispositions de la présente loi.

Est aussi exceptée la dette du 5 pour 100 extérieure et intérieure qui a été créée ou pourrait être créée conformément aux lois en vigueur, et qui conservera sa situation présente, sans qu'il puisse y être apporté de changement.

ART. 2. La conversion s'effectuera au taux de 33 1/3 pour 100, ou en d'autres termes, le capital de la dette convertissable sera réduit des deux tiers ; cette réduction aura lieu dans la forme suivante :

Le capital de la dette active étrangère, et celui de la dette intérieure du 5 pour 100, sera pris pour toute sa valeur nominale.

Le capital de la dette du 4 pour 100, les bons consolidés y compris, seront pris pour les 4/5, c'est-à-dire 80 pour 100, en partant de la différence qu'il y a dans les intérêts de 4 pour 100 à 5 pour 100.

Le capital des coupons échus, mais non payés ni capitalisés de la dette active et de celle du 4 et du 5 pour 100 intérieur, celui de la dette courante, avec intérêt à papier au 5 pour 100, les bons non consolidés, la dette passive étrangère et celle sans intérêts, se prendront au taux calculé d'après leur valeur respective et relative à celle du 5 pour 100, et suivant la moyenne du prix auquel les unes et les autres auront été cotées en 1849.

La dette provisionnelle sera divisée pour sa conversion en deux catégories : celle qui provient de capitaux portant intérêts, et celle qui a une autre origine. La première sera convertie comme dette courante, avec intérêts à papier ; le taux de cette conversion baissera ou haussera suivant que les intérêts de cette dette seront au-dessus ou au-dessous du 5 pour 100. La seconde sera convertie comme les bons non consolidés, les cautionnements, les dépôts, les sels, les tabacs, les sommes venues de l'Amérique, ou autres dont le gouvernement s'est emparé sans titre. Il en sera de même des intérêts non liquidés de la dette courante, des pensions viagères et de la dette provisionnelle provenant de capitaux avec intérêts.

Les rentes viagères se capitaliseront à 5 pour 100, et ce capital sera considéré et converti comme celui du 5 pour 100. Mais, au lieu d'inscriptions au titre de rentes perpétuelles, on donnera des obligations payables la vie durant du possesseur.

ART. 3. Les intérêts dus par l'Etat, encore en liquidation, continueront à être rayés dans les classes de dettes auxquelles ils appartiennent, conformément au règlement en vigueur ; et les nouvelles valeurs seront de même convertissables, à la volonté de leurs détenteurs, en rentes du nouveau 3 pour 100, suivant leur classe, et d'après les règles établies par l'article précédent.

Art. 4. Seront admis à opter pour la nouvelle conversion les porteurs de certificats de l'ancienne dette *différée*, contractée à Paris en 1831, et dont le capital est considéré comme dette passive.

Art. 5. Pourront également être admis à la conversion en nouvelle rente du 3 pour 100 les titres de l'ancienne dette étrangère du 5 pour 100 qui n'ont pas été convertis en vertu de la loi de 1834, parce qu'ils n'ont pas été présentés dans les délais fixés.

Cette dette sera considérée pour les deux tiers de sa valeur représentative comme dette active, et pour l'autre tiers comme dette passive.

Art. 6. Pour la même raison, seront admis à la conversion les capitaux de l'ancienne dette étrangère à 3 pour 100, dont les titres n'ont pas été présentés dans les délais; ils sont considérés pour les deux tiers comme dette active, et pour un tiers comme dette passive ; ces capitaux seront préalablement réduits de deux cinquièmes, différence de l'intérêt de 3 pour 100 à 5 pour 100.

Art. 7. Seront aussi admis à la conversion, et considérés pour deux tiers comme dette active et un tiers comme dette passive, les coupons échus jusqu'à novembre 1833 et les billets de prime qui n'auront pas été présentés à conversion en temps utile.

Art. 8. La conversion ne sera pas obligatoire pour les créanciers.

Art. 9. Les intérêts de la nouvelle rente 3 0/0 seront payés par semestres, dont les échéances seront le 30 juin et le 30 décembre de chaque année, et le payement aura lieu forcément en Espagne.

Art. 10. La conversion commencera dès le 1er janvier 1851. Les nouveaux intérêts courront à partir de ce jour pour ceux qui se présenteront à la conversion avant le 1er juillet de ladite année ; ceux qui se présenteront postérieurement n'auront droit qu'aux intérêts du semestre qui suivra l'époque de leur conversion.

Art. 11. Le gouvernement est autorisé à créer, en outre de la rente du nouveau 3 0/0 résultant de la conversion, des rentes qui seraient reconnues indispensables pour satisfaire aux obligations légales qui lui sont imposées par la conversion de 1834, et qui seraient en souffrance. Il devra faire connaître aux Cortès l'usage qu'il aura fait de cette autorisation.

Art. 12. Le gouvernement est également autorisé, toujours à la condition d'en rendre compte aux Cortès, à transiger sur les comptes des anciens emprunts qui sont encore en litige, aux conditions qui lui paraîtront les plus équitables et les plus avantageuses pour l'Etat.

Art. 13. Pour la satisfaction des créanciers, le gouvernement fera publier périodiquement, dans la *Gazette de Madrid*, le résultat des conversions, le nombre des nouveaux titres qui auront été émis et leur montant.

Art. 14. Sur la somme actuellement destinée à la dette qui est en pleine jouissance de ses intérêts, et l'accroissement que devra subir cette somme, par l'application des dispositions en vigueur, il sera porté au budget général de l'Etat une somme de 80 millions pour le payement des intérêts et l'amortissement de la nouvelle rente à 3 0/0 ; tout ce qui restera des 80 millions, après avoir payé les intérêts, devant être consacré à l'amortissement.

Art. 15. La faculté dont jouissent maintenant les acquéreurs de biens nationaux de s'acquitter, dans certains cas, en argent au lieu de papier, s'étend à tous les cas. Désormais tous sont autorisés à payer leurs termes échus et à échoir en papier ou en argent.

Dans le premier cas, ils pourront le faire en valeurs ayant cours actuellement, ou en titres du nouveau 3 0/0, qui sera admis avec une augmentation de valeur égale à la réduction qu'il aurait subie pour sa conversion.

Dans le second cas, ils donneront en argent le prix de la valeur effective du papier, suivant le taux où il sera coté à l'époque du payement, ou le prix de la moyenne du taux auquel ce papier aura été coté dans l'espace de 1845 à 1849, à leur choix.

Art. 16. A l'avenir, toutes les ventes de biens nationaux qui auront lieu d'après les lois en vigueur, seront faites moyennant un prix stipulé payable en argent. Le prix sera payé en vingt annuités, à raison de 6 0/0 de la valeur pendant les dix premières années, et 4 0/0 pendant les dix dernières.

Art. 17. Le produit métallique des ventes de biens nationaux qui seront faites conformément aux dispositions des articles précédents, ainsi que le montant des obligations ou du numéraire donné par les acheteurs des biens du clergé séculier, dont on n'a pas encore disposé, seront spécialement affectés au payement des intérêts et à l'amortissement du nouveau 5 0/0, et formeront partie de la somme annuelle de 80 millions, qui doit être portée au budget pour cet effet, conformément aux dispositions de l'article 14.

Art. 18. A l'avenir tout ce qui restera, après avoir satisfait aux charges du budget, sera, chaque année, appliqué à l'amortissement de la dette.

Art. 19. La dette d'outre-mer, les créances des possesseurs d'offices qui ont été aliénés, celles provenant de capitalisations, et toutes celles dont la reconnaissance est encore en litige seront l'objet d'une loi spéciale, que le gouvernement soumettra aux délibérations des Cortès en temps opportun.

PIÈCES JUSTIFICATIVES.

DOCUMENTS COMMUNIQUÉS PAR LE MINISTÈRE ESPAGNOL.

Nº I.

DIRECTION GÉNÉRALE DE LA DETTE DE L'ÉTAT.

ÉTAT GÉNÉRAL *de la dette au 31 décembre 1849 y compris les capitaux et les intérêts, et défalcation faite des dépôts faits par le gouvernement en garantie des sommes avancées au Trésor et des dettes en liquidation.*

DETTE À 3 POUR 100 intérieure et extérieure.		CONSOLIDÉE.	NON CONSOLIDÉE.	TOTAL.
Capital de cette dette qui est en circulation..............	....	2,897,973,286		
Augmentation par les intérêts capitalisés à 3 pour 100 en circulation..............	....	84,047,124	....	2,982,020,410
Dette intérieure.				
Dette à 5 pour 100.....	1,164,792,720			
Diminution, au crédit de cette dette, par le dépôt fait à la Banque de San-Fernando en garantie du service mensuel et par l'amortissement calculé en 1850 des effets livrés jusqu'à fin de 1849 en payement des biens nationaux..........	195,222,002	969,570,718	....	1,278,400,436
Dette à 4 pour 100......	340,672,397			
Diminution comme ci-dessus................	31,842,679	308,829,718		
Bons ou *valès* non consolidés	352,192,367		352,180,320	
Diminution pour crédit appartenant à l'État......	12,047	....		
Dette à 5 pour 100 *à papier*	647,601,865		647,598,065	
Diminution comme ci-dessus................	3,800	....		
Dette sans intérêt......	1,188,350,946		◂	2,206,986,481
Diminution comme ci-dessus et pour amortissement calculé en 1850 des effets livrés jusqu'à fin de 1849 pour des biens nationaux................	247,995,488	....	940,355,458	
Dette provisionnelle....	....	....	266,852,638	
Capitaux qui ont été reconnus appartenir aux ayants part laïques des dimes convertissables par sixième en rente à 3 pour 100.........	....	6,627,697	....	16,627,697
Certificats émis en faveur desdits ayants part, non convertis en rente à 3 pour 100................	....	....	5,474,253	5,474,253

		CONSOLIDÉE.	NON CONSOLIDÉE.	TOTAL.
Dette extérieure				
Dette active à 5 pour 100.	3,450,612,000			
A retrancher le fonds qui est entre les mains de M. Ardoin, appartenant au gouvernement.	423,777,317	3,026,834,683	....	»
Dette différée.	76,680,000			
Diminution comme propriété de l'Etat.	76,680,000			
Dette passive.	1,189,204,000		1,042,884,000	1,042,884,006
Diminution pour ce qui est chez M. Ardoin.	146,320,000	....		
Dette en liquidation suivant la vérification cotée A.	3,544,295,706			
Diminution calculée sur le produit de la liquidation qui se fera.	1,800,000,000	....	1,744,295,706	1,744,295,706
Dette extérieure ancienne en conversion préparée en 1834, suivant la vérification cotée B.	....	....	680,678,840	680,678,840
		4,321,862,816	5,680,319,280	10,002,182,096
Intérêts non payés.				
Intérêts capitalisables à 5 pour 100 échus jusqu'à fin de 1830.	....	8,089,970		
Idem échus pour la dette intérieure à 5 pour 100, depuis le 5 octobre 1840 au 5 octobre 1848.	494,168,125			
Idem, idem pour le 4 pour 100.	173,433,842			
	667,601,967			
Diminution pour les sommes appartenant à l'Etat déposées à la Banque San-Fernando en garantie du service mensuel, et pour les effets reçus en payement de biens nationaux.	184,834,077	482,767,890		
Intérêts échus de la dette active extérieure du 1er novembre 1840 au 1er novembre 1849.	1,469,943,256		....	2,528,885,365
Diminution pour ce qui est entre les mains de M. Ardoin appartenant au gouvernement.	20,283,294	1,449,659,962		
Intérêts échus de la dette de 5 pour 100 à papier jusqu'à fin de 1849.	....	488,367,543		
Idem de la dette provisionnelle provenant de capitaux portant intérêts.	....	100,000,000		
Total général.............. Réaux....................				12,531,067,461

Nota. 1° Il faut remarquer que, tant dans l'état dressé le 15 décembre 1849 que dans les états antérieurs qui ont été présentés à la fin de chaque année, on a compris d'une manière approximative les amortissements, déduisant, en outre, les créances des monastères et couvents; et dans celui-ci on n'a défalqué que ce qui déjà était, à la fin de 1849, inscrit au grand livre et le montant calculé de l'amortissement, qui aura lieu cette année, des effets donnés jusqu'à la fin de 1849 en payement de biens nationaux.

2° Dans les sommes [consignées pour la dette du 4 pour 100 qui est en circulation, se trouvent compris les bons consolidés qui n'ont pas été présentés encore à la conversion et qui ont été émis depuis 1824.

3° La capitalisation à 5 pour 100 fut ordonnée par un décret du 1er mars 1830, dans lequel il est dit que les intérêts de ces nouveaux capitaux courraient à dater du 1er avril 1831.

4° La capitalisation à 3 pour 100 fut ordonnée par un décret du régent du royaume, du 21 janvier 1841, et les intérêts ne devaient courir que depuis le semestre dans lequel les créanciers demanderaient que leurs intérêts fussent capitalisés.

5° On n'a pas compris, dans cet état, les dettes spéciales provenant de traités particuliers, ni celles résultant de créances qui n'ont pas encore été réalisées sur les sommes données en garantie de contrats faits en vertu de la loi du 21 juin 1840.

6° La dette intérieure en liquidation et l'extérieure non convertie sont considérées comme non consolidées, jusqu'à ce qu'elles soient inscrites pour la consolidation, conformément aux lois qui régissent les différents services auxquels elles appartiennent.

DIRECTION DE LA DETTE PUBLIQUE.

ÉTAT *des sommes réclamées en temps opportun comme dette publique, mais dont la qualification et la liquidation se trouvent non réglées au 31 décembre 1849.*

NATURE DE CES SOMMES.	AVEC INTÉRÊT.	SANS INTÉRÊT.	PROVI-SIONNELLES.
	Réaux. Mar.	Réaux. Mar.	Réaux. Mar.
Rentes perpétuelles....	»	487,626,004 21	613,963,072 21
Rentes viagères....	1,511,999 16	4,321,112 23	27,910,844 1
Créances de Philippe V et règnes précédents.	61,445,204 »	242,972,619 9	»
Rentes et droits de douane d'Aragon.	484,117 21	147,944 23	»
Gratifications sur l'ancienne Trésorerie générale......................	3,659,180 6	14,853,608 12	»
Droits sur les marchandises........	»	»	12,743,784 8
Offices retournés à la couronne.....	»	»	6,359,920 9
Droits juridictionnels incorporés au domaine de la couronne	»	»	1,030,583 26
Impositions de 3 pour 100 sur les revenus du tabac...................	13,414,941 28	519,433 33	»
Capitaux venus d'Amérique employés par le gouvernement, en 1810	»	»	8,000,965 26
Cautionnements....................	»	»	13,549,823 17
Prêts et supplém. fournis à la Trésorer.	19,734,080 17	50,049,372 16	44,276,416 29
Dépôts.	»	»	6,745,725 32
Obligations de Trésorerie non payées	»	»	16,388.280 4
Sels et tabacs arrêtés.............	»	»	2,577,803 6
Réclamations de bâtiments négriers et autres qui ne constituent pas une branche spéciale de la dette.........	»	»	20,074,441 24
OEuvres pies, biens sécularisés et substitutions......	90,633,889 2	104,221,914 30	»
Rentes annuelles..................	213,632 29	231,640 16	»
Bons hypothécaires................	823,564 »	1,098,822 26	»
Dette sans intérêt provenant de bons hypothécaires et autres obligations pendantes.......................	»	4,738,090 25	»
Créances avec intérêt qui sont passées à la dette sans intérêt..............	»	16,201,138 16	»
Remboursement de la loterie de San-Sigala.	»	»	18,624 10
Créances présentées pendant la prorogation des Cortès de 1837..........	888,082 »	8,435,346 17	2,046,947 18
Subsistances milit. de terre et de mer	»	549,050,381 26	»
Fournitures......................	»	737,203,878 10	1,674,581 22
Capitalisations.	»	»	1,166,991 2
Bons à liquider d'origine légitime, communs, consolidés et non consolidés antérieurs à l'année 1824............	72,473,688 8	»	»
Reçus d'intérêts de bons convertissables en dette sans intérêt.	»	251,996,457 26	»
Bons doublés par le gouvernement *intrus*, convertissables en créance provisionnelle.	»	»	26,816,752 32
	265,282,379 25	2,473,667,767 23	805,346,559 15

RÉSUMÉ GÉNÉRAL.

	Réaux.	Maravédis.
Avec intérêts	265,282,379	25
Sans intérêts	2,473,667,767	23
Provisionnelle	805,346,559	15
Total	3,544,295,706	29

Nota. Le montant des créances non liquidées des ayants part laïques, en dîmes, ne figure pas dans le tableau qui précède, parce qu'il n'est pas connu. On doit déclarer cependant que, dans le budget de la dette, on a évalué cette obligation à 700,000,000 réaux, et que l'on a liquidé et reçu des ayants part, en certificats de capitaux reconnus, 22,158,258 réaux 29 maravédis, sur lesquels ont été convertis en rentes 3 pour 100, jusqu'au 31 décembre 1849, 5,530,561 rs. 18 mrs.

Il n'est pas possible de fixer, même approximativement, la somme à laquelle pourra s'élever le montant des rentes non perçues depuis l'abolition du système décimal jusqu'à la liquidation, ni la somme des intérêts des créances qui ne sont pas portées actuellement en compte.

N'est pas non plus comprise dans cet état la dette d'Amérique, évaluée jusqu'à ce jour à 363,149,501 de réaux dans la catégorie provisionnelle, parce qu'elle n'est pas reconnue, conformément à l'ordonnance royale du 7 octobre 1836.

Il ne faut pas perdre de vue que la dette provisionnelle provient tout à la fois de capitaux qui avaient un intérêt désigné et d'autres qui, jusqu'à ce jour, n'en ont pas.

Enfin, la direction des finances croit que, par suite des retranchements que l'examen de la liquidation doit nécessairement amener, et qu'elle évalue à 1,800,000,000 de réaux, le capital de la dette à liquider sera réduit à 1,744,295,706 de réaux.

État *du montant de la dette ancienne étrangère qui n'a pas été présentée à la conversion décrétée par la loi du 16 novembre 1834, et de la dette sans intérêt de 1831, connue sous le nom de différée, à 3 pour 100, et dont il n'a pas été question dans la susdite loi.*

Dette extérieure émise depuis 1820 jusqu'à la fin de 1833, et qui n'a pas été convertie... 147,178,000 rs.

Dette 3 pour 100 non présentée à la conversion, dont le capital était de 18,522,666 réaux qui, réduits au trois cinquièmes conformément à la loi, pour être reconnus 5 pour 100, s'élèvent à.................... 11,113,600

Intérêts échus provenant des capitaux antérieurs et des billets à prime de l'emprunt Laffitte de 1820, qui, conformément à la loi, devaient être reconnus comme dette différée... 77,973,240

Dette passive convertible en 3 pour 100 de 1831, dont la loi du 16 novembre n'a pas fait mention, et dont la conversion n'a pas encore été accordée... 444,414,000

680,678,840 rs.

Nota. 1° La loi de 1834 accorda le droit de conversion à tous les capitaux ci-dessus mentionnés, excepté à la dette sans intérêt, convertible en 3 pour 100, et elle imposa seulement la perte des intérêts à ceux qui ne convertiraient pas dans le délai fixé dans cette même loi. Mais, le gouvernement ayant été obligé d'employer l'emprunt créé alors, pour payer ces obligations, on n'a pas fait droit encore aux réclamations qui ont été adressées à ce sujet.

Comme on négocie en ce moment avec M. Ardoin, on pourra destiner au payement de cette dette incontestable, partie des valeurs, qu'en cas d'arrangement, la maison Ricardo, de Londres, devra compter au gouvernement.

2° La dette différée 3 pour 100 tire son origine de la dette passive qui a été créée en vertu de l'ordonnance royale du 21 février 1831, pour payer les 4/5 des bons des Cortès qui ne furent pas immédiatement convertis en rentes 3 pour 100, payables à Paris. Cette dette passive devait être convertie en rentes 3 pour 100, par séries égales, en quarante ans; mais la conversion n'eut lieu qu'en 1832 et 1833.

3° Les capitaux qui, comme il a été dit, auraient dû être convertis en dette différée, seraient aujourd'hui dette active, puisque tous les tirages fixés par la loi ont eu lieu.

N° II.

État *de la dette qui était en circulation à la fin de 1849, déduction faite des retranchements portés en l'état n° 1 ; état de la dette pendante en liquidation et en conversion, le 3 pour 100 nouveau excepté ; montant du capital de cette dette, celui du 5 pour 100 intérieur et extérieur étant considéré au pair, le 4 pour 100 comme les quatre cinquièmes de ce dernier, et réduisant le montant du capital des autres catégories dans la proportion correspondante, d'après le rapport de sa valeur cotée avec celle du 5 pour 100 intérieur, en prenant le cours moyen que celui-ci a eu en 1849, et indiquant le cours moyen dans les périodes comprises depuis 1831 et 1840 jusqu'en 1849, inclusivement, ainsi que l'a décidé le gouvernement.*

DETTE RECONNUE.	Montant de la dette en circulation à la fin de 1849.	COURS MOYEN d'après les cotes			Type qui correspond, d'après le rapport de la valeur de chaque espèce de dette, avec le 5 p. 100 intérieur, cours moyen de 1849.	Capital auquel la dette est réduite.
		De 1831 à 1840.	De 1840 à 1849.	En 1849.		Réaux de veillon.
Consolidée à 5 pour 100 intérieur....................	969,570,718	»	»	»	»	»
Consolidée à 5 p. 100 extérieur.....................	3,026,834,683	»	»	»	»	»
Intérêts capitalisés à 5 p. 100	8,089,970	»	»	»	»	»
Total à 5 pour 100...	4,004,495,371	28,54	21,95	10,96	100	4,004,495,371
Consolidée à 5 pour 100...	308,829,718	25,57	18,49	10,07	80 0/0	247,063,774
Bons non consolidés......	352,180,320	11,12	8,67	5,50	50,18	176,724,084
Dette courante à 5 pour 100, papier............	647,598,065	12,78	10,61	5,50	50,18	249,964,709
Dette sans intérêt........	940,355,458	6,90	6,24	4,00	36,50	343,229,742
Idem provisionnelle.......	266,852,638	6,90	6,24	4,00	36,50	97,401,212
Idem passive extérieure...	1,042,884,000	6,90	6,24	4,00	36,50	380,652,660
Intérêts à papier de la dette courante à 5 pour 100......	488,367,543	6,90	6,24	4,00	36,50	178,254,152
Intérêts de la dette provisionnelle qui avait un intérêt désigné..................	100,000,000	6,90	6,24	4,00	36,50	46,500,000
Intérêts du 4 et 5 pour 100, échus depuis 1840.........	1,932,427,852	17,17	17,17	6,58	60,04	1,160,229,683
	10,083,990,965					6,874,515,387
Dette en cours de liquidation et de conversion.						
La dette pendante en liquidation, vu l'incertitude du résultat, est considérée, quant à sa réduction, sur le même pied que celle sans intérêts..	1,744,295,706	»	»	»	»	636,667,932
Capitaux de la dette ancienne étrangère à 5 pour 100 qui n'ont pas été présentés à la conversion décrétée par la loi de 1834, et dont le montant s'élève à 147,178,000 réaux, qui devaient être convertis ;						

DETTE RECONNUE.	Montant de la dette en circulation à la fin de 1849.	COURS MOYEN d'après les cotes			Type qui correspond, d'après le rapport de la valeur de chaque espèce de dette, avec le 5 p. 100 intérieur, cours moyen de 1848.	Capital auquel la dette est réduite.
		De 1831 à 1840.	De 1840 à 1849.	En 1849.		
						Réaux de veillon.
2/3 en dette active s'élevant à................	98,118,666	»	»	»	100	98,118,666
1/3 en passive...........	49,059,334	»	»	»	36,50	17,906,656
Capitaux de dette ancienne étrangère à 3 pour 100 de l'émission de 1831, montant à 18,522,666 réaux de veillon qui n'ont pas été convertis non plus en 1834, et dont les deux cinquièmes auxquels ils doivent être réduits pour la conversion, d'après la loi citée, s'élèvent à 11,113,600 réaux de veillon. Cette conversion devait se faire comme suit :						
2/3 en dette active........	7,409,066	»	»	»	100	7,409,066
1/3 en dette passive......	3,704,534	»	»	»	36,50	1,352,154
Montant des coupons et intérêts et montant des bons de primes qui n'ont pas été présentés à la conversion, et qui devaient recevoir, d'après la loi, pour toute leur valeur, le caractère de dette différée, aujourd'hui active, puisqu'on a consolidé la dette de cette catégorie................	77,973,240	»	»	»	100	77,973,240
Dette différée sans intérêt de l'émission de 1831, que l'on considère comme passive pour sa valeur nominale....	444,414,000	»	»	»	36,50	162,211,110
	12,508,965,511					7,876,154,211

Nota. 1° On n'indique pas le cours moyen de la dette active extérieure, parce que les titres circulant à Paris et à Londres, avec les coupons échus, dans la première de ces villes, depuis 1836, et dans la seconde, depuis 1840, les cotes publiées ne peuvent servir de base fixe pour connaître le change du capital.

2° Les variations qu'a subies la dette courante du 5 pour 100 à papier sont si peu sensibles, que leur cote, à des périodes fixes, ne peut présenter de type certain comparable à celui des autres catégories. Cependant, on a indiqué le cours moyen depuis 1831 et 1840 jusqu'en 1849; mais, comme cette dette n'a pas été cotée pendant cette dernière année, on a établi le calcul sur le cours moyen des bons non consolidés, à cause de l'analogie qu'elle a avec ceux-ci.

3° Les cours moyens de la dette provisionnelle sont, aux époques auxquelles se rapporte le présent état, inférieurs à ceux de la dette sans intérêt; mais il faut remarquer que la dette provisionnelle n'a commencé à circuler que longtemps après la dette sans intérêt, et alors que les cours avaient déjà baissé. C'est pour cette raison, et surtout parce que c'est une dette qui ne peut, dans aucun cas, être réputée de pire condition que celle sans intérêt que les porteurs peuvent convertir, que l'on a fixé le cours de cette dernière.

4º Par des raisons semblables, on a assigné le même change à la dette passive extérieure, bien que le cours moyen depuis 1842 à 1849 paraisse inférieur, et c'est celui sur lequel on a calculé, n'ayant pu avoir les cotes antérieures ; la même chose a eu lieu pour l'année 1849.

5º Il n'a pas été fait non plus mention de la dette différée, parce qu'elle reste propriété de l'Etat ; non plus que des certificats donnés aux ayants part laïques en dîmes, pour revenus et rentes non perçus, qui s'élevaient, à la fin de 1849, à 5,474,253 réaux, parce qu'il n'existe pas de type auquel on puisse les assimiler.

Nº III.

DIRECTION GÉNÉRALE DES HYPOTHÈQUES DE L'ÉTAT.

Note des obligations exigibles en espèces, souscrites par les acheteurs de biens du clergé séculier, dans les années 1850 et suivantes.

Personnes ou établissements au pouvoir desquels elles se trouvent et causes qui les ont produites.	Années des échéances.	Montant en réaux de veillon.		Totaux.	
La Banque espagnole de Saint-Ferdinand en payement du solde des services jusqu'à la fin de juillet 1847, par ordonnance royale du 2 juillet de la même année.....	1850....	14,026,800	10	14,026,700	10
La caisse d'émission de billets de la Banque de Saint-Ferdinand en garantie pour payement et amortissement de billets..............................	1851....	9,586,302	24		
La Banque de Saint-Ferdinand, en garantie..	1851....	4,440,437	24	42,080,400	26
	1852....	14,026,960	»		
	1853....	14,026,700	12		
	1854....	14,026,768	21		
	1855....	14,024,783	16		
	1856....	14,026,424	28		
	1857....	14,027,397	30		
	1858....	14,033,879	»		
	1859....	14,033,681	1		
L'administration des hypothèques, avec destination d'une petite partie à certaines garanties....................	1860....	14,027,315	11	132,015,770	11
	1861....	14,027,630	98		
	1862....	13,201,936	»		
	1863....	7,382,784	17		
	1864....	782,449	5		
	1865....	152,745	4		
	1866....	112,132	8		
	1867....	97,470	6		
	1868....	57,506	4		
				190,122,373	13

Nota. Bien que l'ordonnance royale du 15 mai 1847 porte que les obligations des années 1851, 1852 et 1853 seraient remises en payement à la Banque, elles ne purent avoir cette destination, parce que dans la liquidation faite, conformément à l'ordonnance royale du 2 juillet de la même année, on ne débita cet établissement que des obligations échues jusqu'à la fin de 1850, les autres restant comme garantie.

Nº IV.

Éтат des biens appartenant au Trésor public, et qui se trouvent en régie.

Leur origine.	Hypoth.	Rentes et droits.	Total.	Capitalisation.	Rente.	
Biens dont l'aliénation s'exécute.						
Moines................	3,702	92,577	96,279	238,853,392	3,602,358	
Biens sans possesseurs	103	279	382	2,381,175	86,828	
Incorporations........	67	73	140	2,602,856	92,177	2 60,187 ,25
Inquisition...........	11	1,786	1,797	8,695,932	308,802	
Adjudic. pour dettes..	493	202	694	7,652,970	94,112	
	4,376	94,916	99,299	260,187,325	4,184,277	réaux.
Biens dont l'aliénation est suspendue, conformément aux ordonn. royales du 26 juillet 1844 et 11 juillet 1848.						
Religieuses..........	13,794	86,411	100,205	357,184,392	5,362,327	
Ermitages et sanctuaires.............	25,772	47,878	73,650	126,715,486	1,981,000	483,899,878
	39,566	134289	173,855	483,899,878	7,343,326	

Total général...................... 744,087,303

NOTA. Dans les biens dont l'aliénation se poursuit, on ne comprend pas ceux de l'ordre de Saint-Jean, leur aliénation s'exécutant au comptant, conformément à l'ordonnance royale du 1er mai 1848.

Nº V.

NOTE des sommes que doivent les acquéreurs de biens nationaux, par termes échus et à échoir.

Termes.		Montant en réaux de veillon.	Total.
Échus jusqu'à la fin de	1849....	105,257,268	
A échoir en..........	1850....	261,227,836	
Idem.................	1851....	257,226,260	
Idem.................	1852....	229,439,140	
Idem.................	1853....	190,889,868	
Idem.................	1854....	103,506,668	1,207,832,436
Idem.................	1855....	32,151,200	
Idem.................	1856....	14,721,340	
Idem.................	1857....	14,721,340	
Idem.................	1858....	36,652	
Idem.................	1859....		

On peut calculer que le payement de ces échéances se fera :

En titres de 4 et 5 pour 100.....	710,852,640	1,207,832,436 (somme égale).
En dette sans intérêt...........	496,979,796	

NOTA. 1º Sur les 105,257,268 réaux correspondant aux termes échus, il a été consigné pour la presque totalité des certificats d'ayants part laïques en dîmes, lesquels sont admis en payement par la loi de 1841 et par des règlements postérieurs.

2º Il faut remarquer que par deux ordonnances du 23 avril et du 1er juillet 1837, les acquéreurs de biens nationaux sont autorisés à payer en espèces, au taux du papier, les termes dont la valeur n'excède pas 10,000 réaux, ainsi que les excédants correspondant à ces termes, et qu'en vertu de la loi du 1er décembre 1847, ces acquéreurs peuvent remettre, au lieu des titres de la dette sans intérêt, des coupons du 5 pour 100 et des bons non consolidés.

Imprimerie de HENNUYER et Cᵉ, rue Lemercier, 24, Batignolles.

www.ingramcontent.com/pod-product-compliance
Lightning Source LLC
Chambersburg PA
CBHW061442050726
47593CB00004B/1434